ANGELA
MERKEL

WAS
ALSO
IST
MEIN
LAND?

aufbau

15 Jahre nach der Wiedervereinigung zog Angela Merkel als erste Frau und erste Ostdeutsche ins Bundeskanzleramt ein. »Deutschland hat mich verändert, und Deutschland hat uns alle verändert«, sagte sie damals über diese Zeit, in der sie sich gegen die Wissenschaft und für die Politik entschied. Weitere 16 Jahre später hat Angela Merkel vier Amtszeiten mit zahlreichen Herausforderungen gemeistert und Deutschland geprägt und verändert. Als Bundeskanzlerin zieht sie sich nun zurück, doch wird sie andere Wege finden, weiterhin für die Demokratie einzustehen.

ANGELA
MERKEL

WAS ALSO IST MEIN LAND?

Drei Reden

aufbau

WAS ALSO IST MEIN LAND?

Rede zum
Tag der Deutschen Einheit
am 3. Oktober 2021
in Halle/Saale

Sehr geehrter Herr Bundespräsident,
sehr geehrte Herren Präsidenten des Bundestages, des Bundesrates und des Bundesverfassungsgerichtes,
sehr geehrte Damen und Herren Ministerpräsidenten,
liebe Kolleginnen und Kollegen aus dem Bundeskabinett und den Parlamenten,
Exzellenzen,
sehr geehrter Herr Oberbürgermeister,
sehr geehrte Damen und Herren hier im Saal und zu Hause an den Bildschirmen,

unser Nationalfeiertag, dieser Tag der Deutschen Einheit, geht nicht auf ein Ereignis weit vor unserer Zeit tief in unserer Geschichte zurück. Vielmehr erinnert er an etwas, das die meisten von uns bewusst miterlebt haben und das heute vor 31 Jahren unser Leben verändert hat. Der 3. Oktober 1990 steht für die Wiedervereinigung unseres Landes in Frieden und Freiheit. Diese Freiheit brach nicht einfach über uns herein, diese Freiheit wurde errungen. Das Land, das wir heute als wiedervereinigtes feiern, konnte werden, weil es Menschen in der DDR gab, die für ihre Rechte, für ihre Freiheit, für eine andere Gesellschaft alles riskiert haben.

Wir stehen in der Schuld derer, die so viel gewagt haben, die mutig, hoffnungsvoll auf die Straße gegangen sind. Wir dürfen nie vergessen, dass es auch anders hätte ausgehen können. Wer damals aufstand, wer für die demokratischen Rechte sprach und demonstrierte, konnte nicht sicher sein, dass es sich lohnen würde, dass die Revolution gelingen würde, dass es nicht bitter bestraft würde. Das ist wahrhaftiger Mut.

Auch dürfen wir nie vergessen, dass die Einheit Deutschlands ohne das Engagement unserer Nachbarn in Mittel- und Osteuropa undenkbar gewesen wäre. Ob in Polen, in Ungarn, in der Tschechoslowakei – überall gab es Menschen, die mit ihrem Einsatz für Freiheit und demokratische Mitbestimmung die Teilung Europas überwanden. Dieser gemeinsame Einsatz führte auch dazu, dass auch die damalige Sowjetunion die Überwindung des Kalten Krieges geschehen ließ.

Unvergessen bleibt die Unterstützung unserer Partner im Westen – allen voran der Vereinigten Staaten von Amerika, Frankreichs und Großbritanniens. Sie brachten einem wiedervereinigten Deutschland ein keineswegs selbstverständliches Vertrauen entgegen. Dieses Vertrauen war über Jahrzehnte aufgebaut worden – zuvorderst von Staatsmännern wie Konrad Adenauer, Willy Brandt, Helmut Kohl; und in dieser Stadt will ich auch Hans-Dietrich Genscher nennen.

Die Früchte all dieser Anstrengungen, die Chancen, die mit unserer demokratischen Freiheit in unserem wiedervereinigten Land einhergehen, dürfen wir heute genießen.

Für mich persönlich, die ich die Erfahrung der Mauer, der SED-Diktatur, der Angst vor dem Bespitzelungsapparat der Staatssicherheit, der Unfreiheit und Enge noch kenne, sind das Ende der Teilung und die Demokratie immer noch und immer wieder etwas Besonderes – und zwar weil ich weiß, dass sie errungen wurden, und nicht zuletzt, weil man die Demokratie auch leben, ausfüllen, schützen muss. Sie braucht uns so, wie wir sie brauchen. Demokratie ist nicht einfach da, sondern wir müssen immer wieder für sie miteinander arbeiten, jeden Tag.

Manchmal jedoch, so fürchte ich, gehen wir mit den demokratischen Errungenschaften etwas zu leichtfertig um, als müssten wir nichts für sie tun, als ob sie sich von Generation zu Generation ganz selbstverständlich weitergeben ließen.

Wir erleben aber in dieser Zeit zusehends Angriffe auf so hohe Güter wie die Pressefreiheit. Wir erleben eine Öffentlichkeit, in der demagogisch mit Lügen und Desinformation Ressentiments und Hass geschürt werden, ohne Hemmung und ohne Scham. Da werden nicht nur einzelne Personen oder Gruppen diffamiert, da werden nicht nur Menschen angegriffen wegen ihrer Herkunft, ihres Aussehens oder ihres Glaubens – da wird die Demokratie angegriffen. Nicht weniger als unser gesellschaftlicher Zusammenhalt steht deshalb auf dem Prüfstand.

Erschütternd sind auch die vermehrten Anfeindungen von Menschen, die sich für das Gemeinwohl einsetzen – ob Feuerwehrleute, Rettungssanitäter oder Kommunalpolitiker. Die verbale Verrohung und Radikalisierung, die da zu erleben sind, dürfen nicht nur von denen beantwortet werden, die ihr zum Opfer fallen, sondern müssen von allen zurückgewiesen werden. Denn allzu schnell münden verbale Attacken in Gewalt – so wie es die Ermordung des Kasseler Regierungspräsidenten Walter Lübcke, der Anschlag auf die Synagoge hier in Halle, das Attentat von Hanau oder die Ermordung eines 20-jährigen Tankstellenmitarbeiters in Idar-Oberstein zeigten. So weit darf es gar nicht erst kommen.

Deshalb müssen wir uns an einem Tag wie heute auch ehrlich fragen, wie wir miteinander umgehen, wie viel wechselseitigen Respekt wir vermitteln und wie wir die Demokratie vor denen schützen, die sie missachten, die sie verachten. Vorurteilen und Unwissenheit können wir entgegenwirken – durch die Bereitschaft, offen für andere und ihre Ansichten und Erfahrungen zu sein. Das ist das Besondere einer Demokratie:

dass sie individuelle Überzeugungen und Lebensentwürfe zulässt und schützt. Wir dürfen verschieden sein, wir dürfen unsere Vorstellungen vom Glück so entwickeln, wie es uns guttut, solange das auf dem Boden unserer grundgesetzlichen Ordnung geschieht. Vielfalt und Unterschiede sind keine Gefahr für die Demokratie – ganz im Gegenteil. Vielfalt und Unterschiede sind Ausdruck gelebter Freiheit. Erst recht gilt das für unser wiedervereinigtes Land mit all den bis 1990 durch die Teilung erzwungenen so unterschiedlichen Lebenswegen der Menschen in Ost und West.

Doch ganz ehrlich, ganz so einfach ist es häufig nicht. Müssen nicht Menschen meiner Generation und Herkunft aus der DDR die Zugehörigkeit zu unserem wiedervereinigten Land auch nach drei Jahrzehnten deutscher Einheit gleichsam immer wieder neu beweisen, so als sei die Vorgeschichte, also das Leben in der DDR, irgendwie eine Art Zumutung?

Ich möchte Ihnen dazu ein Beispiel aus meinem Leben erzählen. In einem im letzten Jahr von der Konrad-Adenauer-Stiftung herausgegebenen Buch mit vielen Beiträgen und Positionen zur Geschichte der CDU heißt es in einem der dort veröffentlichten Aufsätze über mich: »Sie, die als 35-Jährige mit dem Ballast ihrer DDR-Biographie in den Wendetagen zur CDU kam, konnte natürlich kein ›von der Pike auf‹ sozialisiertes CDU-Gewächs altbundesrepublikanischer Prägung sein.«

Die DDR-Biographie, also eine persönliche Lebensgeschichte von in meinem Fall 35 Jahren in einem Staat der Diktatur und Repression – »Ballast«? Dem Duden nach also eine »schwere Last, die« – in der Regel – »als Fracht von geringem Wert zum Gewichtsausgleich mitgeführt wird« oder als »unnütze Last, überflüssige Bürde« abgeworfen werden kann? – Das war der Duden.

Ich erzähle das hier nicht, um mich zu beklagen. Denn ich bin nun wirklich die Letzte, die Grund hätte, sich zu beklagen – so viel Glück, wie mir persönlich in meinem Leben beschieden ist. Ich erzähle es auch nicht als Bundeskanzlerin. Ich möchte es vielmehr als Bürgerin aus dem Osten erzählen, als einer von gut 16 Millionen Menschen, die in der DDR ein Leben gelebt haben, die mit dieser Lebensgeschichte in die deutsche Einheit gegangen waren und solche Bewertungen immer wieder erleben – und zwar als zähle dieses Leben vor der deutschen Einheit nicht wirklich. Ballast eben, bestenfalls zum Gewichtsausgleich tauglich, im Grunde aber als unnütze Last abzuwerfen. Ganz gleich, welche guten und schlechten Erfahrungen man mitbrachte: Ballast.

Bis heute – davon bin ich überzeugt – wird zu wenig gesehen, dass die Wiedervereinigung für die allermeisten Menschen in Westdeutschland im Wesentlichen bedeutete, dass es weiterging wie zuvor, während sich für uns Ostdeutsche fast alles veränderte: Politik, Arbeitswelt, Gesellschaft. Wer in seinem Leben vorankommen wollte, musste sich natürlich mit verändern.

Jede und jeder kann nach 31 Jahren deutscher Einheit eine eigene persönliche Bilanz ziehen. Mit dem Ende der DDR und mit der endlich gewonnenen Freiheit, sein Denken und Leben selbst bestimmen zu können, gingen so viele neue Chancen einher. Das war und ist die eine, die wunderbare Seite.

Zugleich aber fanden sich nicht wenige, die ihren Weg in der völlig neuen Lebensumwelt zu gehen versuchten, in einer Sackgasse wieder. So manche berufliche Fähigkeit, die früher gefragt war, zählte plötzlich wenig oder gar nichts mehr. Das war die andere Seite. Auch solche deprimierenden Erfahrungen sind Teil unserer Geschichte. Wir dürfen sie nicht ignorieren oder vergessen, schon allein aus Respekt vor persönlichen Biographien, aber auch deshalb nicht, weil die Gestaltung der Einheit unseres Landes kein abgeschlossener Prozess ist und weil wir darauf achten müssen, dass nicht plötzlich bei manchen, ganz gleich, ob bewusst oder unbewusst, ihre Herkunft gegen sie veranschlagt wird.

Auch hierzu möchte ich Ihnen ein Beispiel aus meinem Leben erzählen. Auch dieses Beispiel erzähle ich nur, weil ich es bezeichnend und damit am Tag der Deutschen Einheit bedenkenswert finde. In einem Ende letzten Jahres in der »Welt am Sonntag« erschienenen Artikel schrieb ein – im Übrigen von mir sehr geachteter und geschätzter – Journalist und Autor Bezug nehmend auf eine Antwort von mir in einer Pressekonferenz am 15. September 2015 unter anderem: »Und sie tat etwas, was keiner ihrer Amtsvorgänger je getan hatte: Sie distanzierte sich einen Atemzug lang von der Republik, deren zweite Dienerin sie doch war. Sie sagte: Wenn man sich dafür entschuldigen müsse, in der Flüchtlingskrise ein freundliches Gesicht gezeigt zu haben, ›dann ist das nicht mein Land‹. Da blitzte einen Moment lang durch, dass sie keine geborene, sondern eine angelernte Bundesdeutsche und Europäerin ist.«

Keine geborene, sondern angelernte Bundesdeutsche? Keine geborene, sondern angelernte Europäerin? Gibt es zwei Sorten von Bundesdeutschen und Europäern – das Original und die Angelernten, die ihre Zugehörigkeit jeden Tag aufs Neue beweisen müssen und mit einem Satz wie dem in der Pressekonferenz durch die Prüfung fallen können? Mit einem Satz, mit dem ich in einer Antwort auf eine Reporterfrage unter anderem an die im September 2015 um die Welt gegangenen Bilder von Bürgerinnen und Bürgern erinnere, die in München und anderen Orten Flüchtlinge mit offenem Herzen und, ja, mit einem freundlichen Gesicht am Bahnhof empfangen hatten? Distanziere ich mich in meiner Antwort tatsächlich von meinem Land? Anders gefragt, denn darum geht es mir heute hier im Kern: Wer entscheidet, wer die Werte und Interessen unseres Landes versteht und wer das nicht tut, beziehungsweise eben nur, um das Wort noch einmal aufzugreifen, in »angelernter« Weise? Welches Bild von Wiedervereinigung wird darin sichtbar? Hier die einen, die seit jeher Bundesdeutsche sind, dort die anderen, die Hinzugekommenen, die sich durch Übung etwas aneignen müssen – von geborenen und angelernten Europäern gar nicht zu reden?

Was also ist mein Land?

Ein Land, in dem alle miteinander immer neu lernen.

Ein Land, in dem wir »gemeinsam Zukunft formen«, wie es das Motto des diesjährigen Tages der Deutschen Einheit sagt.

Ein Land, in dem gerade auch die Erfahrung von Umbrüchen in familiären Biographien, in dem die Anstrengung, aber auch das Glück, das es bedeuten kann, neu anfangen zu müssen oder zu dürfen, als eine Erfahrung anerkannt wird, die uns gemeinsam Zuversicht und Stärke gibt.

Ein Land, dessen Erfahrung der Wiedervereinigung uns auch bei der Bewältigung heutiger Transformationsprozesse durch Klimaschutz oder digitalen Fortschritt helfen kann, weil wir mit dieser Erfahrung in besonderer Weise um unsere Verantwortung wissen, dass jeder Mensch Chancen braucht, dass jede und jeder Einzelne sich gehört und zugehörig fühlen können muss.

Es ist ja vor allem dieses Zusammengehörigkeitsgefühl, aus dem Veränderungsbereitschaft und Solidarität erwachsen. Beides half uns über die Mühen der Wiedervereinigung hinweg. Beides half uns, auch große Herausforderungen in den Folgejahren zu bewältigen.

Veränderungsbereitschaft und Solidarität waren auch die entscheidenden Werte bei der existenziellen Herausforderung der Pandemie. Ohne die wechselseitige Fürsorge, ohne die Bereitschaft, sich einzuschränken, um Leben zu schützen, wäre das nicht möglich gewesen. Ich weiß, dass der Preis sehr hoch war. Ausgerechnet im Jubiläumsjahr 2020, also 30 Jahre nach der deutschen Wiedervereinigung, die Freiheitsrechte einzuschränken, ist mir ungeheuer schwergefallen. Etwas als politische Notwendigkeit zu erachten und zugleich als demokratische Zumutung zu empfinden – das zähle ich zu den schwierigsten Erfahrungen in meiner Amtszeit als Bundeskanzlerin.

Ohnehin ist unserem Land mit der Wiedervereinigung insgesamt mehr Verantwortung erwachsen. Und das liegt nicht allein an der Größe und Leistungsfähigkeit unserer Volkswirtschaft. Seit über 30 Jahren leben wir Deutschen und Europäer nicht mehr in der Bipolarität des Kalten Krieges. Europa steht nicht mehr in dem Maße in der weltweiten Aufmerksamkeit wie zu Zeiten des Eisernen Vorhangs, der unseren Kontinent teilte. Für uns Europäer bedeutet das, dass uns mehr Verantwortung zukommt – für unsere eigene Sicherheit, aber auch für die Stabilität in Nachbarregionen. Kriege, Krisen und Konflikte auf dem Balkan, in Afghanistan und Afrika machen es für das wiedervereinte Deutschland unabdingbar, Verantwortung international neu zu definieren und wahrzunehmen.

Das sagt sich so leicht, aber das war und ist in der Sicherheitspolitik auch mit schwierigen, mitunter gefährlichen Einsätzen für unsere Soldatinnen und Soldaten der Bundeswehr verbunden. Was sie in Afghanistan nicht nur, aber ganz besonders in den letzten dramatischen Tagen in Kabul ausgehalten und geleistet haben, wird sie sicherlich noch sehr lange prägen. Wir können nur erahnen, was sie alles gesehen und erlebt haben. Sie verdienen unseren höchsten Respekt und Dank.

Ein Europa, das sich seine Freiheit, Sicherheit und seine auf gemeinsamen Werten beruhende Identität bewahren will, kommt nicht daran vorbei, die Handlungsfähigkeit der Europäischen

Union in der Außen- und Sicherheitspolitik zu stärken.

Meine Damen und Herren, durch enge Zusammenarbeit mit unseren Partnern und Freunden in Europa und der Welt, durch umsichtige Entscheidungen, durch Engagement und sicherlich auch durch etwas Glück haben wir seit der Wiedervereinigung viel erreicht. Auch aus Krisen sind wir gestärkt herausgekommen. Das war nur möglich, weil sich Menschen für das Gemeinwohl verantwortlich fühlten, weil sie für sich und für andere im sozialen oder ökologischen Bereich, bei der freiwilligen Feuerwehr oder in der Kultur, in den Kirchen, in der Wissenschaft, der Wirtschaft oder in der Politik Verantwortung übernahmen. Die Menschen in der DDR, die sich mutig für Freiheit stark gemacht haben, haben Verantwortung für Freiheit und Demokratie übernommen. Alle, die an der Einheit mitgearbeitet haben, haben Verantwortung übernommen.

Unser Land gilt es natürlich weiter zu gestalten. Wie genau – darüber lässt sich auch künftig trefflich streiten. Aber wir wissen, dass die Antwort darauf in unseren eigenen Händen liegt, dass wir einander zuhören und miteinander sprechen müssen, dass wir Unterschiede, aber vor allem auch Gemeinsames entdecken werden.

In dem kurzen Film, den wir gerade von den Einheitsbotschaftern gesehen haben, hat eine Frau so wunderbar gesagt: »Leute, macht die Türen auf und schaut nach, was dahinter ist.« Seid bereit zur Begegnung, seid neugierig aufeinander, erzählt einander eure Geschichten und haltet Unterschiede aus. Das ist die Lehre aus 31 Jahren Deutscher Einheit. Wir brauchen Respekt vor den jeweiligen Biographien und Erfahrungen und auch vor der Demokratie.

Herzlichen Dank.

WIR SCHAFFEN DAS!

Auszug aus der Eingangsrede auf der Sommerpressekonferenz am 31. August 2015 in Berlin

Meine Damen und Herren, was sich zurzeit in Europa abspielt, das ist keine Naturkatastrophe, aber es gibt eine Vielzahl katastrophaler Situationen. Es spielen sich unendlich viele Tragödien ab, und es gibt auch unfassbare Gräuel, wie vor einigen Tagen in Österreich, als in einem Lkw über 70 Menschen tot gefunden wurden, von skrupellosen Schleppern zugrunde gerichtet. Das sind Gräueltaten, die man gar nicht fassen kann und bei denen man einfach sagen muss: Das sind Bilder, die unsere Vorstellungskraft übersteigen. Das geschieht alles, während wir hier in sehr geordneten Verhältnissen leben.

Wir werden gleich auch über Erstaufnahmeeinrichtungen, Bearbeitungsdauer, Rückführungen, faire Verteilung in Europa, sichere Herkunftsländer, Bekämpfung von Fluchtursachen sprechen. Das müssen wir auch. Aber wir werden vorher darüber sprechen müssen, was uns eigentlich leiten sollte und was auch mich bewegt, wenn wir darüber sprechen, dass in diesem Jahr bis zu 800 000 Menschen zu uns kommen werden – so die jüngsten Prognosen.

Die allermeisten von uns kennen den Zustand völliger Erschöpfung auf der Flucht, verbunden mit Angst um das eigene Leben oder das Leben der Kinder oder der Partner, zum Glück nicht. Menschen, die sich zum Beispiel aus Eritrea, aus Syrien oder dem Nordirak auf den Weg machen, müssen oft Situationen überwinden oder Ängste aushalten, die uns wahrscheinlich schlichtweg zusammenbrechen ließen. Deshalb müssen wir beim Umgang mit Menschen, die jetzt zu uns kommen, einige klare Grundsätze gelten lassen. Diese Grundsätze stammen aus nicht mehr und nicht weniger als unserem Grundgesetz, unserer Verfassung.

Erstens. Es gilt das Grundrecht politisch Verfolgter auf Asyl. Wir können stolz sein auf die Humanität unseres Grundgesetzes. In diesem Artikel zeigt sie sich ganz besonders. Schutz gewähren wir auch all denen, die vor Kriegen zu uns fliehen. Auch ihnen steht dieser Schutz zu.

Der zweite Grundsatz ist die Menschenwürde eines jeden. Das ist ein Grundsatz, den uns schon der Artikel 1 des Grundgesetzes aufgibt. Gleichgültig, ob er Staatsbürger ist oder nicht, gleichgültig, woher und warum er zu uns kommt und mit welcher Aussicht, am Ende eines Verfahrens als Asylbewerber anerkannt zu sein – wir achten die Menschenwürde jedes Einzelnen, und wir wenden uns mit der ganzen Härte unseres Rechtsstaates gegen die, die andere Menschen anpöbeln, die andere Menschen angreifen, die ihre Unterkünfte in Brand setzen oder Gewalt anwenden wollen. Wir wenden uns gegen die, die zu Demonstrationen mit ihren Hassgesängen aufrufen. Es gibt keine Toleranz gegenüber denen, die die Würde anderer Menschen infrage stellen. Wie ich es schon zu Beginn dieses Jahres in meiner Neujahrsansprache gesagt habe, sage ich auch heute denen, die, aus welchen Gründen auch immer, bei solchen Demonstrationen mitlaufen: Folgen Sie denen nicht, die zu solchen Demonstrationen aufrufen! Zu oft sind Vorurteile, zu oft ist Kälte, ja sogar Hass in deren Herzen. Halten Sie Abstand!

Ich sage aber auch: Trotz alledem ist unser Land immer noch ein gutes Land. Es ist in guter Verfassung. Die oft beschworene zivile Gesellschaft, sie ist bei uns Wirklichkeit, und es macht mich stolz und dankbar zu sehen, wie unzählige Menschen in Deutschland auf die Ankunft der Flüchtlinge reagieren. Die Zahl derjenigen, die heute für Flüchtlinge da sind, die Zahl der Helfenden, die Zahl derjenigen, die fremde Menschen durch die Städte und Ämter begleiten, sogar bei sich aufnehmen, überragt die Zahl der Hetzer und Fremdenfeinde um ein Vielfaches, und sie wächst noch, auch – das möchte ich hier ausdrücklich erwähnen – dank vieler wunderbarer Berichte darüber von Ihnen, den Medien, gerade in den letzten Tagen. Ich erlaube mir ausnahmsweise einmal, Sie auch zu ermutigen, genau das fortzusetzen; denn damit geben Sie den vielen guten Bürgerinnen und Bürgern die Möglichkeit, ihresgleichen in der Berichterstattung zu sehen, damit zeigen Sie Vorbilder und Beispiele, und Sie machen wieder anderen Mut.

Die überwältigende Mehrzahl unserer Menschen ist weltoffen. Unsere Wirtschaft ist stark, unser Arbeitsmarkt ist robust, ja sogar aufnahmefähig. Denken wir an den Bereich der Fachkräfte. Wenn so viele Menschen so viel auf sich nehmen, um ihren Traum von einem Leben in Deutschland zu erfüllen, dann stellt uns das ja nun wirklich nicht das schlechteste Zeugnis aus. Unsere Freiheit, unser Rechtsstaat, unsere wirtschaftliche Stärke, die Ordnung, wie wir zusammenleben – das ist es, wovon Menschen träumen, die in ihrem Leben Verfolgung, Krieg, Willkür kennengelernt haben. Die Welt sieht Deutschland als ein Land der Hoffnung und der Chancen, und das war nun wirklich nicht immer so.

Nun stellt sich die Frage: Was müssen wir in einer solchen Situation, in der wir natürlich vor einer riesigen Herausforderung stehen, tun? Dazu will ich einiges sagen.

Im Juni bereits haben wir bei dem Treffen der Ministerpräsidenten mit der Bundesregierung und den kommunalen Spitzenverbänden gemeinsam festgestellt: Wir stehen vor einer großen nationalen Aufgabe; die geht jeden an. Und dies wird eine zentrale Herausforderung sein, nicht nur für Tage oder Monate, sondern, soweit man das absehen kann, für eine längere Zeit. Deshalb ist es wichtig, dass wir sagen: Deutsche Gründlichkeit ist super, aber es wird jetzt deutsche Flexibilität gebraucht. Es gibt eine Vielzahl von Beispielen dafür, dass wir gezeigt haben, dass wir dazu in der Lage sind.

Ich will an die Bankenrettung erinnern. Bei der internationalen Finanzkrise haben wir – Bund, Länder gemeinsam – innerhalb weniger Tage die notwendigen Gesetze durchgesetzt.

Ich will an den Atomausstieg erinnern, als wir in kürzester Zeit bei der Energiewende eine Wende im wahrsten Sinne des Wortes vollzogen haben.

Ich will an die Naturkatastrophen erinnern, denen wir – Bund, Länder und Kommunen – immer entschlossen und geschlossen begegnet sind.

Wenn ich vielleicht im 25. Jahr der deutschen Einheit noch an ein sehr schönes Beispiel erinnern darf: Die deutsche Einheit haben wir auch nicht mit normaler Arbeit gelöst, sondern wir sind viele neue Wege gegangen, ob das die Verkehrswegebeschleunigungsgesetze waren oder die Abordnung von vielen ehrenamtlichen Helfern in die neuen Bundesländer.

Vor einer solchen Herausforderung stehen wir jetzt auch wieder. Die Beispiele der Vergangenheit zeigen uns: Wann immer es darauf ankommt, sind wir – Bundesregierung, Länder und Kommunen – in der Lage, das Richtige und das Notwendige zu tun. Aber wir müssen die Dinge jetzt beschleunigen. Wir müssen das, was uns daran hindert, das Richtige zu tun, zeitweise außer Kraft setzen und deshalb auch ein Stück Mut dabei zeigen. Das müssen wir also im Lande tun.

Wir haben jetzt die Strukturen aufgebaut, in denen wir, glaube ich, die nationale Kraftanstrengung umsetzen, die nationale Aufgabe lösen können. Es gibt eine permanente Koordinierung des Bundes mit den Ländern, angesiedelt beim Bundesinnenministerium. Wir werden am 9. September ein Treffen der Chefs der

Staatskanzleien mit dem Bundesinnenminister und dem Chef des Kanzleramtes abhalten. Wir werden am 24. September – darauf arbeiten wir jedenfalls hin – ein umfassendes Paket beschließen und es dann, hoffe ich, auch parlamentarisch sehr schnell durchsetzen, mit dem wir die notwendigen Regelungen treffen. Wir werden dann auch Treffen mit den gesellschaftlichen Gruppen durchführen, um hier die notwendigen Kraftanstrengungen auch noch einmal zu bündeln.

Worum geht es? – Es geht zum einen um die Beschleunigung der Verfahren. Wir brauchen unter anderem mehr Erstaufnahmeeinrichtungen, weil nur in der Kooperation des Bundesamtes für Migration und Flüchtlinge und der Erstaufnahmeeinrichtungen schnelle Entscheidungen getroffen werden können. Es geht dabei darum zu sagen: »Wer hat eine hohe Bleibeperspektive?«, und es geht genauso darum zu sagen: »Wer hat so gut wie keine Chance, bei uns zu bleiben?«. Über diese Anträge muss schnell entschieden werden, und dann müssen die Rückführungen in die Heimatländer – hierbei geht es vor allen

Dingen auch um die Länder des westlichen Balkans – schnell erfolgen. Das muss aus den Erstaufnahmeeinrichtungen heraus passieren.

Wir stehen hierbei in einer sehr intensiven Kooperation mit den Ländern; denn es gibt bei der Unterbringung und gerade bei der Schaffung der Erstaufnahmeeinrichtungen natürlich viele praktische Probleme zu bedenken. Es gibt inzwischen eine sehr gut funktionierende Zusammenarbeit mit der Bundesanstalt für Immobilienaufgaben (BImA). Die Zurverfügungstellung von Bundesliegenschaften erfolgt unbürokratisch. Aber wir müssen natürlich auch schauen: Wie können wir noch mehr Erstaufnahmeeinrichtungen schaffen? Wie können Bund und Länder hierbei zusammenarbeiten?

Hier stellt sich dann eine Reihe von praktischen Fragen wie zu Brandschutzanforderungen und Immissionsschutzgesetzen, die sich mit Baugesetzen beißen. Wir sammeln im Augenblick alle Bemerkungen der Kommunen und auch der Länder. Das Ganze wird dann in eine Gesetzesinitiative münden müssen, in der wir solche Standards, die uns daran hindern, das Notwendige zu tun, dann auch zeitweise aufheben und Abweichungen möglich machen, damit wir schnell reagieren können.

Zweitens geht es natürlich um eine faire Kostenverteilung. Wir werden auflisten: Wer macht was? Was machen die Kommunen? Was machen die Länder? Was macht der Bund? – Dann wird sich der Bund einer fairen Kostenverteilung nicht entgegenstellen. Im Gegenteil: Uns ist auch klar, dass wir mehr tun werden, als wir bislang tun.

Drittens brauchen wir dann Integrationsanstrengungen, wenn die Anträge schneller bearbeitet werden, auch für diejenigen, die eine gute Perspektive haben, hier zu bleiben, insbesondere auch Flüchtlinge aus Syrien oder aus anderen Bürgerkriegsregionen. Dann geht es darum, Lehrer zu finden, die Deutschunterricht geben können, die die Kinder unterrichten. Wir haben allein in Städten wie Berlin oder München mehr als 400 neue Klassen. Sie können sich vorstellen: Das geht nicht dadurch, dass man allein mit den jetzt gerade im Dienst befindlichen Lehrern arbeitet. Wir werden schnell Kurse machen müssen, wenn es um Deutschkenntnisse und um vieles andere geht. Das kann man mit dem normalen deutschen Vorgehen nicht machen. Das gilt auch für die Betreuung minderjähriger Jugendlicher, wenn Sie allein daran denken, dass es in München 4000 gibt und dass eine Erzieherinnenausbildung Jahre dauert. Da müssen wir Mittel und Wege finden, auch Zwischenlösungen zu finden. All das muss besprochen werden.

Dann geht es natürlich um die langfristigen Wohnungs- und Arbeitsperspektiven. In jeder Erstaufnahmeeinrichtung – so wäre es idealerweise sinnvoll – müsste auch gleich die Bundesagentur für Arbeit sitzen. Man müsste die Qualifikationen aufnehmen. Auf diese Dinge arbeiten wir hin.

Ich sage ganz einfach: Deutschland ist ein starkes Land. Das Motiv, mit dem wir an diese Dinge herangehen, muss sein: Wir haben so vieles geschafft – wir schaffen das! Wir schaffen das, und dort, wo uns etwas im Wege steht, muss es überwunden werden, muss daran gearbeitet werden. Der Bund wird alles in seiner Macht Stehende tun – zusammen mit den Ländern, zusammen mit den Kommunen –, um genau das durchzusetzen.

Es gibt dann die europäische Dimension, und hier glaube ich, dass wir schon sagen dürfen: Europa als Ganzes muss sich bewegen. Die Staaten müssen die Verantwortung für Asyl begehrende Flüchtlinge teilen. Die universellen Bürgerrechte waren bislang eng mit Europa und seiner Geschichte verbunden. Das ist einer der Gründungsimpulse der Europäischen Union. Versagt Europa in der Flüchtlingsfrage, geht diese enge Bindung mit den universellen Bürgerrechten kaputt. Sie wird zerstört, und es wird nicht das Europa sein, das wir uns vorstellen, und nicht das Europa sein, das wir als Gründungsmythos auch heute weiterentwickeln müssen.

Was operativ in Europa folgt, ist, dass Deutschland und Frankreich ein sehr hohes Maß an Übereinstimmung hinsichtlich der nächsten

Schritte haben und dass wir dazu jetzt natürlich andere Länder konsultieren. Es hat auch keinen Sinn, dass wir uns gegenseitig öffentlich beschimpfen, aber man muss eben einfach sagen: Die derzeitige Situation ist nicht zufriedenstellend. Die Innenminister werden sich am 14. September treffen. Die Regierungschefs stehen, wenn notwendig, immer bereit. Es geht um sichere Herkunftsländer. Es geht um Hotspots, die in Italien und Griechenland errichtet werden. Es geht um eine faire Lastenverteilung, also um Quoten innerhalb Europas, die natürlich nicht nur die Bevölkerungszahl in sich tragen, sondern auch die wirtschaftliche Kraft.

Es gibt einen weiteren Punkt, den wir beachten müssen, und das ist die Bekämpfung der Fluchtursachen. Hier zeigt sich, welche Bedeutung Außenpolitik hat und welche Bedeutung internationale Kooperation hat. Wir erleben jetzt, dass der Syrien-Konflikt nicht weit von uns entfernt stattfindet, sondern dass inzwischen eine Situation entstanden ist, in der alle Nachbarländer Syriens überfordert sind, ob es der Libanon ist, ob es Jordanien ist oder ob es die Türkei ist.

Indem dieses Thema uns jetzt erreicht, sollte uns das darin bestärken, mit noch mehr Nachdruck den diplomatischen Bemühungen eine Chance zu geben, diesen Konflikt zu lösen. Ich weiß, welch dickes Brett das ist, das wir bohren müssen, aber es ist unabdingbar.

Wir müssen uns weiter um die Frage Afghanistans bemühen. Der Bundesaußenminister ist zurzeit dort. Die Gespräche mit den Taliban müssen weitergeführt werden.

Wir werden im November auf Malta einen Gipfel seitens der europäischen Staats- und Regierungschefs mit den afrikanischen Ländern haben, um auch dort darüber zu sprechen, was es für den afrikanischen Kontinent bedeutet, wenn die besten jungen Menschen diesen Kontinent verlassen, weil sie für sich keine Hoffnung sehen.

Ich fühle mich auch darin bestärkt, dass wir letztes Jahr die Westbalkan-Konferenz ins Leben gerufen haben; denn gerade auch die Perspektiven auf dem westlichen Balkan müssen verbessert werden, wenn wir nicht nur abwehren wollen, sondern diesen Ländern wirklich eine Perspektive geben wollen.

Das wollte ich Ihnen zu Beginn sagen. Jetzt stehe ich für all Ihre Fragen zur Verfügung, egal aus welchem Themengebiet sie stammen.

DIE STAATSRÄSON MEINES LANDES

Rede vor
der Knesset
am 18. März 2008
in Jerusalem

Sehr geehrter Herr Staatspräsident,
sehr geehrte Frau Präsidentin,
sehr geehrter Herr Premierminister,
sehr geehrte Frau Präsidentin des Obersten Gerichtshofes,
sehr geehrte Mitglieder der Knesset,
sehr geehrte Damen und Herren,

Frau Präsidentin, anni modda lachem sche-nittan li le-dabber ellechem kaan be-bait mechubad se. Se kawwod gadol awurri. (Ich danke Ihnen, hier zu Ihnen sprechen zu dürfen. Ich empfinde dies als eine große Ehre.)

Ich danke allen Abgeordneten der Knesset dafür. Ich danke allen, dass ich in meiner Muttersprache heute zu Ihnen sprechen darf. Ich spreche zu Ihnen in einem besonderen Jahr. Denn in diesem Jahr 2008 feiern Sie den 60. Jahrestag der Gründung Ihres Staates, des Staates Israel.

- 60 Jahre Israel – das sind 60 Jahre großartiger Aufbauarbeit der Menschen unter schwierigen Bedingungen.
- 60 Jahre Israel – das sind 60 Jahre Herausforderungen im Kampf gegen Bedrohungen und für Frieden und Sicherheit.
- 60 Jahre Israel – das sind 60 Jahre Integration von Zuwanderern in das Gemeinwesen dieses Staates.
- 60 Jahre Israel – das ist ein Land voller Vitalität und Zuversicht, mit technologischen Spitzenleistungen, mit kulturellem Reichtum und Traditionen.
- 60 Jahre Israel – das ist somit vor allem ein Anlass zu großer Freude. Im Namen der Bundesregierung und der deutschen Bevölkerung gratuliere ich allen Bürgerinnen und Bürgern Israels zu diesem Jubiläum.

Meine Damen und Herren, Deutschland und Israel sind und bleiben – und zwar für immer – auf besondere Weise durch die Erinnerung an die Shoah verbunden. Genau deshalb haben wir die ersten deutsch-israelischen Regierungskonsultationen gestern mit dem Gedenken in Yad Vashem begonnen.

Der im deutschen Namen verübte Massenmord an sechs Millionen Juden hat unbeschreibliches Leid über das jüdische Volk, über Europa und die Welt gebracht. Die Shoah erfüllt uns Deutsche mit Scham. Ich verneige mich vor den Opfern, ich verneige mich vor den Überlebenden und vor all denen, die ihnen geholfen haben, dass sie überleben konnten. Der Zivilisationsbruch durch die Shoah ist beispiellos. Er hat bis heute Wunden hinterlassen. Er schien Beziehungen zwischen Israel und Deutschland zunächst geradezu unmöglich zu machen. In den israelischen Pässen stand lange Zeit der Satz: »Gilt für alle Länder mit Ausnahme Deutschlands.«

Umgekehrt habe ich selbst die ersten 35 Jahre meines Lebens in einem Teil Deutschlands, in der DDR, gelebt, der den Nationalsozialismus als westdeutsches Problem betrachtete. Auch den Staat Israel hat die DDR bis kurz vor ihrem Ende nicht anerkannt. Es dauerte über 40 Jahre, bis sich ganz Deutschland sowohl zu seiner historischen Verantwortung als auch zum Staat Israel bekennen konnte.

Meine Damen und Herren, ich bin zutiefst davon überzeugt: Nur wenn sich Deutschland zu seiner immerwährenden Verantwortung für *die* moralische Katastrophe in der deutschen Geschichte bekennt, können wir die Zukunft menschlich gestalten. Oder anders gesagt: Menschlichkeit erwächst aus der Verantwortung für die Vergangenheit.

Wir sagen oft: Deutschland und Israel verbinden besondere, einzigartige Beziehungen. Was aber ist damit genau gemeint – einzigartige Beziehungen? Ist sich gerade mein Land dieser Worte bewusst – und zwar nicht nur in Reden und Festveranstaltungen, sondern dann, wenn es darauf ankommt?

Wie gehen wir zum Beispiel ganz konkret damit um, wenn die Gräueltaten des Nationalsozialismus relativiert werden? Hierauf kann es nur eine Antwort geben: Jedem Versuch dazu muss im Ansatz entgegengetreten werden. Antisemitismus, Rassismus und Fremdenfeindlichkeit dürfen in Deutschland und in Europa nie wieder Fuß fassen, und zwar weil alles andere uns insgesamt – die deutsche Gesellschaft, das europäische Gemeinwesen, die demokratische Grundordnung unserer Länder – gefährden würde.

Oder wie gehen wir damit um, wenn in Umfragen eine deutliche Mehrheit der Befragten in Europa sagt, die größere Bedrohung für die Welt gehe von Israel aus und nicht etwa vom Iran? Schrecken wir Politiker in Europa dann aus Furcht vor dieser öffentlichen Meinung davor zurück, den Iran mit weiteren und schärferen Sanktionen zum Stopp seines Nuklearprogramms zu bewegen? Nein, wie unbequem es auch sein mag, genau das dürfen wir nicht. Denn täten wir das, dann hätten wir weder unsere historische Verantwortung verstanden, noch ein Bewusstsein für die Herausforderungen unserer Zeit entwickelt. Beides wäre fatal.

Genauso fatal wäre es, wenn wir die Frage ausblenden würden, wie wir die Erinnerung an die Shoah wachhalten können, wenn eines Tages keine Zeitzeugen der Shoah mehr am Leben sein werden. Ja, es ist wahr: Orte des Gedenkens sind wichtig – Orte wie das Holocaust-Mahnmal in Berlin oder Yad Vashem. Sie halten die Erinnerung wach. Aber wahr ist auch: Orte allein reichen noch nicht aus, wenn Erinnerung Geschichte wird. Erinnerung muss sich immer wieder neu bewähren. Aus Gedanken müssen Worte werden und aus Worten Taten.

Der erste Premierminister Ihres Landes, David Ben Gurion, und der erste Bundeskanzler meines Landes, Konrad Adenauer, haben uns genau das vorgemacht. Deshalb war es mir wichtig, am Sonntag in den Kibbuz Sde Boker zu fahren und dort am Grab von Ben Gurion einen Kranz niederzulegen. Denn es waren Ben Gurion und Adenauer, die den Gedanken Worte, den Worten Taten folgen ließen. Sie legten mit Vorsicht und Weitsicht die Grundlage für die Beziehungen zwischen unseren Staaten.

Heute ist es an uns, an meiner Generation, zusammen mit der jungen Generation das Bewusstsein für eine Erinnerungskultur zu wecken – eine Erinnerungskultur, die auch dann trägt, wenn die Überlebenden der Shoah nicht mehr unter uns sein werden. Natürlich gibt es dafür kein Patentrezept. Aber diese Herausforderung zu erkennen und sie anzunehmen – genau das ist der erste entscheidende Schritt, um zusammen mit der Jugend kreative Wege für eine Erinnerungskultur der Zukunft zu entwickeln, und zwar in Israel und in Deutschland gemeinsam.

Helfen kann uns dabei eine Kraft, die uns auch in den vergangenen Jahrzehnten geholfen hat: Es ist die Kraft zu vertrauen. Diese Kraft zu vertrauen hat ihren Ursprung in den Werten, die wir, Deutschland und Israel, gemeinsam teilen: den Werten von Freiheit, Demokratie und der Achtung der Menschenwürde. Sie ist das kostbarste Gut, das wir haben: die unveräußerliche und unteilbare Würde jedes einzelnen Menschen – ungeachtet seines Geschlechts, seiner Abstammung, seiner Sprache, seines Glaubens, seiner Heimat und Herkunft.

Meine Damen und Herren, das Bewusstsein für die historische Verantwortung und das Eintreten für unsere gemeinsamen Werte – das bildet das Fundament der deutsch-israelischen Beziehungen von ihren Anfängen bis heute. Heute nun leben wir, die Deutschen wie die Israelis, wie alle Völker dieser Welt in einer Zeit mit gewaltigen Umbrüchen. Das Gefüge der Welt verändert sich. Die Vernetzung von Staaten, Wirtschaft und Gesellschaften erreicht ein bisher unbekanntes Ausmaß. Viele Menschen haben Angst vor dieser Entwicklung. Sie spüren: Das Zusammenleben der Nationen, der Religionen und Kulturen gehört zu den großen, alles überragenden Themen der Gegenwart. Großartige Perspektiven stehen dicht neben erheblichen Risiken. Das ist Globalisierung.

Es ist meine feste Überzeugung: Angesichts dieser bahnbrechenden globalen Entwicklung brauchen wir über nationale Grenzen hinweg ein globales, ein gemeinsames Bewusstsein für die zentralen Herausforderungen unserer Welt – den fairen Anteil aller am Wohlstand, den Schutz des Klimas, den Kampf gegen die neuen Bedrohungen durch Terror und Massenvernichtungswaffen. Aber wir brauchen dieses Bewusstsein nicht nur dafür, die Herausforderungen zu erkennen, sondern wir brauchen es, um die Herausforderungen zu meistern. Das geht heute in vielen Bereichen kaum noch allein, sondern nur noch im Miteinander von Staaten, und zwar solchen Staaten, die als Partner durch Werte und Interessen verbunden sind.

Für mich steht außer Frage: Israel und Deutschland, Israel und Europa sind solche Partner – verbunden durch gemeinsame Werte, verbunden durch gemeinsame Herausforderungen und verbunden durch gemeinsame Interessen. Denn Stabilität, wirtschaftliche Prosperität, Sicherheit und Frieden in Europa wie in dieser Region sind in unserem beiderseitigen Interesse.

Genau in diesem Bewusstsein haben wir mit den ersten deutsch-israelischen Regierungskonsultationen ein neues Kapitel in der Geschichte der Beziehungen unserer beiden Staaten aufgeschlagen. Genau in diesem Bewusstsein haben wir ein ganzes Bündel von Projekten und Vorhaben verabschiedet – in der Außen- und Verteidigungspolitik, im Bereich der Wirtschaft, für den Austausch der Jugend, in der Zusammenarbeit von Justiz und im Umweltschutz und nicht zuletzt auch im Bereich von Wissenschaft und Forschung.

Es ist keine Übertreibung, wenn wir feststellen: Die Beziehungen unserer beiden Länder sind ausgezeichnet. Aber wir wollen diese Verbindungen und das Vertrauen zwischen unseren Völkern noch weiter stärken. Wir wollen unsere Partnerschaft noch weiter festigen:

- In der Jugendarbeit – zum Beispiel durch ein gemeinsames deutsch-israelisches Zukunftsforum, das in einer gemeinsamen Stiftung junge Deutsche und Israelis in Wirtschaft, Wissenschaft und Kultur einander noch näherbringen wird.
- Im Wissenschaftsbereich – zum Beispiel durch das gemeinsame Deutsch-Israelische Jahr der Wissenschaft und Technologie.
- Auf dem Gebiet der wirtschaftlichen Beziehungen – indem zum Beispiel Unternehmen in beiden Ländern das Potenzial vor allem in den zukunftsweisenden Branchen noch stärker als bisher nutzen.
- Und im Bereich von Umwelt- und Klimaschutz – indem zum Beispiel das Hochtechnologieland Israel sein umfassendes Knowhow insbesondere auch im Bereich Wasser

und Bewässerungswirtschaft einbringen kann und indem eine neue Form der trilateralen Zusammenarbeit zwischen Deutschland, Israel und Afrika entwickelt wird.

Meine Damen und Herren, über alle diese und weitere Zukunftsprojekte und Vorhaben haben wir gestern beraten. Aber alle diese Projekte spielen sich nicht im luftleeren Raum ab. Denn während wir beraten haben, ist Israel bedroht. Während wir hier sprechen, leben Tausende von Menschen in Angst und Schrecken vor Raketenangriffen und Terror der Hamas. Ich sage klar und unmissverständlich: Die Kassam-Angriffe der Hamas müssen aufhören. Terrorangriffe sind ein Verbrechen. Sie bringen keine Lösung in dem Konflikt, der die Region und das tägliche Leben der Menschen in Israel und das Leben der Menschen in den palästinensischen Autonomiegebieten überschattet.

Ich habe wiederholt zum Ausdruck gebracht und sage es auch hier: Deutschland tritt entschieden für die Vision von zwei Staaten in sicheren Grenzen und in Frieden ein – für das jüdische Volk in Israel und das palästinensische in Palästina. Nachdrücklich unterstützen wir deshalb in der Folge der Annapolis-Konferenz alle Bemühungen – insbesondere auch die der amerikanischen Regierung –, die dazu beitragen, diese Vision in die Tat umzusetzen, und die helfen, Frieden in der Region herzustellen.

Ich weiß sehr wohl: Sie brauchen keine ungebetenen Ratschläge von außen und schon gar nicht von oben herab. Eine Lösung kann am Ende nur durch Sie hier in Israel und die Palästinenser selbst erfolgen. Aber Unterstützung durch die internationale Gemeinschaft will ich Ihnen und Ihren Verhandlungspartnern auf palästinensischer Seite, vorneweg Präsident Abbas, ausdrücklich anbieten. Denn wir wissen, dass es zur Umsetzung der Vision von zwei Staaten Kompromisse bedarf, die von allen Seiten akzeptiert werden. Es bedarf auch der Kraft zu schmerzhaften Zugeständnissen.

Wir wissen, dass es nicht nur im Interesse der Region hier ist, diesen schwierigen Prozess zum Erfolg zu führen, sondern in unser aller Interesse. Denn Instabilität hier bleibt auch für uns in Deutschland und Europa nicht ohne Folgen. So birgt gerade auch die Lage im Libanon große Unsicherheit. Deutschland unterstützt die Bemühungen der Arabischen Liga, um die Krise dort zu lösen. Das aber wird nur gehen, wenn auch Syrien die legitime Regierung des Libanon endlich anerkennt und einen konstruktiven Beitrag zur Lösung der Krise leistet. Dazu fordere ich Syrien auch von dieser Stelle aus auf.

Meine Damen und Herren, besonderen Anlass zur Sorge geben ohne Zweifel die Drohungen, die der iranische Präsident gegen Israel und das jüdische Volk richtet. Seine wiederholten Schmähungen und das iranische Nuklearprogramm sind eine Gefahr für Frieden und Sicherheit. Wenn der Iran in den Besitz der Atombombe käme, dann hätte das verheerende Folgen – zuerst und vor allem für die Sicherheit und Existenz Israels, dann für die gesamte Region und schließlich, weit darüber hinaus, für alle in Europa und der Welt, für alle, denen die Werte Freiheit, Demokratie und Menschenwürde etwas bedeuten. Das muss verhindert werden.

Dabei muss eines klar sein – ich habe es bereits vor den Vereinten Nationen im vergangenen September gesagt, und ich wiederhole es heute: Nicht die Welt muss Iran beweisen, dass Iran die Atombombe baut; Iran muss die Welt überzeugen, dass er die Atombombe nicht will.

Gerade an dieser Stelle sage ich ausdrücklich: Jede Bundesregierung und jeder Bundeskanzler vor mir waren der besonderen historischen Verantwortung Deutschlands für die Sicherheit Israels verpflichtet. Diese historische Verantwortung Deutschlands ist Teil der Staatsräson meines Landes. Das heißt, die Sicherheit Israels ist für mich als deutsche Bundeskanzlerin niemals verhandelbar. Und wenn das so ist, dann dürfen das in der Stunde der Bewährung keine leeren Worte bleiben. Deutschland setzt gemeinsam mit seinen Partnern auf eine diplomatische Lösung. Die Bundesregierung wird sich dabei, wenn der Iran nicht einlenkt, weiter entschieden für Sanktionen einsetzen.

Die vor wenigen Tagen verabschiedete neue Resolution des UN-Sicherheitsrates hat die Entschlossenheit und die Geschlossenheit der internationalen Gemeinschaft erneut unter Beweis gestellt. Die internationale Gemeinschaft wird und muss diesen Weg fortsetzen. Ich werde mich auch in der Europäischen Union für eine klare Haltung einsetzen. Für mich ist es wichtig, dass Israel über die Mittelmeerkooperation der Europäischen Union und die europäische Nachbarschaftspolitik eng mit der Europäischen Union verbunden ist. Diese Verbindung können und werden wir weiter intensivieren.

Ich sagte es: Israel und Europa sind durch gemeinsame Werte, Herausforderungen und Interessen verbunden. Deshalb unterstütze ich ausdrücklich die von Israel gewünschte stärkere Annäherung an die Europäische Union. Sie wäre für beide Seiten ein Gewinn. Sie böte eine Vielzahl neuer Chancen.

Frau Präsidentin, meine Damen und Herren, in der Geschichte ihres Kontinents haben die Europäer erfahren: Frieden ist auch nach Jahrhunderten gewalttätiger Auseinandersetzungen möglich. Insbesondere wir Deutsche haben durch das Wunder des Mauerfalls und der Wiedervereinigung erlebt: Auch nach Jahrzehnten, wenn schon viele den Gedanken daran verloren haben, können sich tiefgreifende politische Veränderungen ergeben.

Ich könnte heute nicht vor Ihnen stehen, und ich könnte heute nicht als Bundeskanzlerin der Bundesrepublik Deutschland, die in der ehemaligen DDR aufgewachsen ist, zu Ihnen sprechen, wenn es nach dem Zweiten Weltkrieg in der damaligen Bundesrepublik nicht Politiker wie Konrad Adenauer, Willy Brandt und Helmut Kohl gegeben hätte. Sie haben an die Kraft der Freiheit, an die Kraft der Demokratie und an die Kraft der Menschenwürde geglaubt. Sie haben es so vermocht, das scheinbar Unmögliche möglich zu machen: die Vollendung der Einheit Deutschlands in Frieden und Freiheit und damit die Versöhnung des europäischen Kontinents.

Aus der Erfahrung, dass das Unmögliche möglich werden kann, können wir die Entschlossenheit und die Zuversicht schöpfen, dass sich auch jede Anstrengung lohnt, die den Nahen Osten einen großen Schritt näher zu einem friedlichen Miteinander bringt. Oder um es mit den bekannten Worten von David Ben Gurion zu sagen: »Wer nicht an Wunder glaubt, der ist kein Realist.« Wenn wir heute, zum 60. Jahrestag der Gründung des Staates Israel, auf die deutsch-israelischen Beziehungen schauen, dann wissen wir: Sein Satz hat sich als ebenso realistisch wie richtig erwiesen.

Ja, es sind besondere, einzigartige Beziehungen – mit immerwährender Verantwortung für die Vergangenheit, mit gemeinsamen Werten, mit gegenseitigem Vertrauen, mit großer Solidarität füreinander und mit vereinter Zuversicht. In diesem Geist feiern wir das heutige Jubiläum. In diesem Geist wird Deutschland Israel nie allein lassen, sondern treuer Partner und Freund sein.

Masal-tov le-chaggigot schischim schanna le-medinnat Issrael. Shalom. (Herzlichen Glückwunsch zu 60 Jahren Staat Israel. Shalom.)

Editorische Notiz

Angela Merkels Rede zum Tag der Deutschen Einheit 2021 war überraschend offen und persönlich – und hat erstmals einen Eindruck davon vermittelt, was es bedeutet, als erste Ostdeutsche und erste Frau ins Kanzleramt einzuziehen.

Diese Rede hat mich tief bewegt, weil ich – wie so viele Menschen in und aus Ostdeutschland – auf ein persönliches Wort der Bundeskanzlerin über die Schwierigkeiten, die Ostdeutschen im gesamtdeutschen Zusammenhang begegnen, gewartet habe.

Ich glaube, dass diese Rede vieles verändern kann in Deutschland: im Verständnis füreinander, in der Sicht aufeinander und für eine Zukunft, in der unsere Vergangenheit nicht als Ballast angesehen wird.

Im Verlag entstand schnell die Idee, diese außergewöhnliche Rede in Buchform zu veröffentlichen – und wir freuen uns sehr, dass Angela Merkel auf diesen Vorschlag eingegangen ist.

Wir veröffentlichen die Rede zum Tag der Deutschen Einheit 2021 hier zusammen mit ihrer Rede vor der israelischen Knesset 2008 und mit ihrer Entscheidung von 2015, die Grenzen offen zu halten.

Constanze Neumann
Verlagsleiterin

Sämtliche Beteiligungen der Autorin an diesem Buch
gehen auf ihren Wunsch an:
Bundesstiftung zur Aufarbeitung der SED-Diktatur

MIX
Papier | Fördert gute Waldnutzung
FSC® C083411

ISBN 978-3-351-03974-5

Aufbau ist eine Marke der Aufbau Verlage GmbH & Co. KG

3. Auflage 2022

Einbandgestaltung Anzinger und Rasp, München
Satz Greiner & Reichel, Köln
Druck und Binden CPI books GmbH, Leck, Germany
Printed in Germany

www.aufbau-verlage.de